Impressum
Verlag: BABADADA GmbH, Nedderfeld 112 , 22529 Hamburg
Geschäftsführer / Verlagsleitung: Harald Hof
Druck: Books on Demand GmbH, In de Tarpen 42, 22848 Norderstedt

Imprint
Publisher: BABADADA GmbH, Nedderfeld 112 , 22529 Hamburg, Germany
Managing Director / Publishing direction: Harald Hof
Print: Books on Demand GmbH, In de Tarpen 42, 22848 Norderstedt

学校
學校

除
除
186/2
黑板
黑板
教室
教室
校园
校園
老师
老師
纸
紙
书写
書寫
钢笔
筆
办公桌
辦公桌
直尺
直尺
书
書
学生
學生

书包
書包

铅笔盒
鉛筆盒

铅笔
鉛筆

卷笔刀
削鉛筆機

橡皮擦
橡皮擦

画板
畫板

图画

圖畫

画笔

畫筆

颜料盒

顏料盒

剪刀

剪刀

胶水

膠水

练习册

練習冊

家庭作业

家庭作業

12

数字

數字

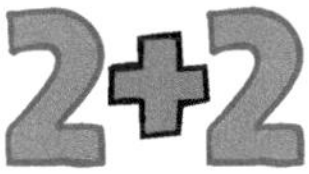
2+2

加

加

5-2

减

減

2×2

乘

乘

42

计算

計算

A

字母

字母

ABCDEFG
HIJKLMN
OPQRSTU
VWXYZ

字母表

字母表

hello

字

字

课文

課文

读

讀

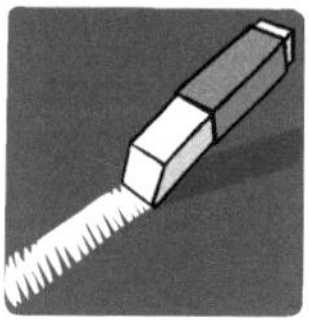

粉笔

粉筆

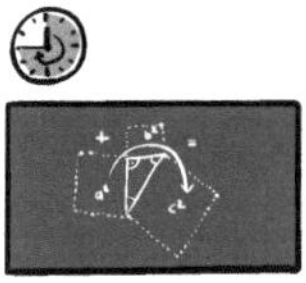

上课

上課

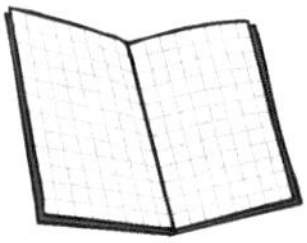

登记

登記

考试

考試

证书

證書

校服

校服

教育

教育

百科全书

百科全書

大学

大學

显微镜

顯微鏡

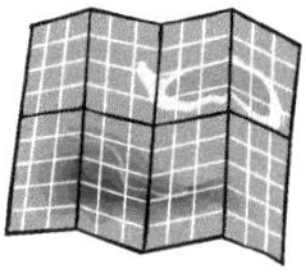

地图

地圖

废纸篓

廢紙簍

旅行

旅行

酒店
飯店
Grand
青年旅社
青年旅社
ROOMS
外币兑换处
外幣兌換處
手提箱
手提箱
汽车
汽車

语言

語言

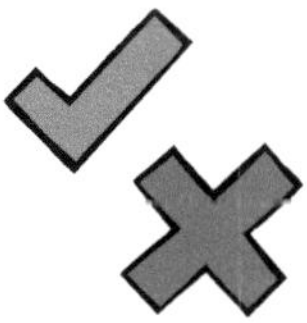

是/否

是/否

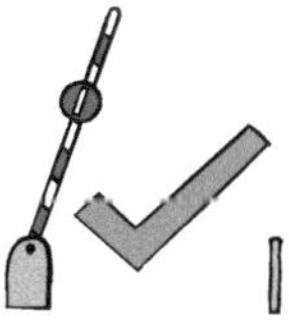

好的

好的

您好

您好

翻译员

翻譯人員

谢谢

謝謝

......多少钱？

......多少錢？

我不明白

我不明白

问题

問題

晚上好！

晚上好！

早上好！

早上好！

晚安！

晚安！

再见

再見

方向

方向

行李

行李

包

包

双肩包

背包

客人

客人

房间

房間

睡袋

睡袋

帐篷

帳篷

旅游信息

旅行資訊

海滩

海灘

信用卡

信用卡

早餐

早餐

午餐

午餐

晚餐

晚餐

票

票

电梯

電梯

邮票

郵票

边界

邊界

海关

海關

大使馆

大使館

签证

簽證

护照

護照

交通运输
交通運送

飞机
飛機
船
船
消防车
消防車
卡车
卡車
公交车
公車
汽艇
汽艇
自行车
腳踏車
汽车
汽車

摆渡船

渡輪

小船

小船

摩托车

機車

警车

警車

赛车

賽車

租车

租車

拼车

拼車

拖车

拖車

垃圾车

垃圾車

发动机

馬達

汽油

汽油

加油站

加油站

交通标志

交通標識

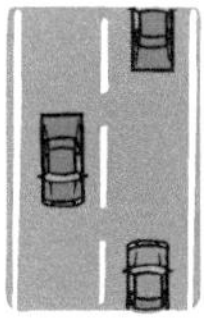

交通

交通

交通堵塞

交通堵塞

停车场

停車場

火车站

火車站

轨道

軌道

火车

火車

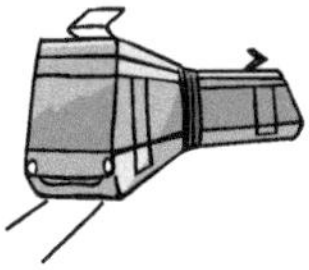

电车

路面電車

货车

客車廂

直升机

直升機

机场

機場

塔

塔

乘客

乘客

集装箱

集裝箱

纸板箱

紙板箱

手推车

手推車

篮子

籃子

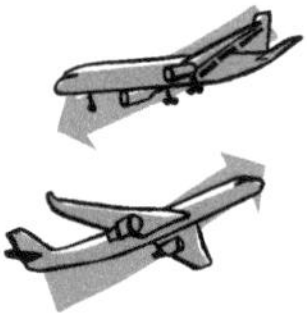

起飞/降落

起飛/降落

城市

城市

村庄

村莊

市中心

市中心

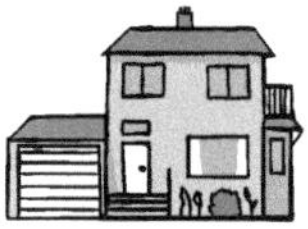

房子

房子

电影院
電影院
CINEMA
广告
廣告
路灯
路燈
街道
街道
出租车
計程車
小吃店
小吃店
行人
行人
人行道
人行道
斑马线
斑馬線
垃圾箱
垃圾箱
十字路口
十字路口
红绿灯
紅綠燈

小屋

小屋

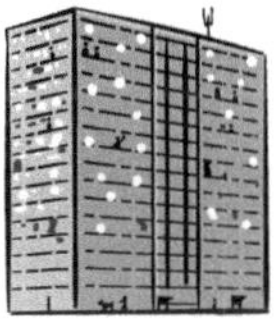

公寓

公寓

火车站

火車站

市政厅

市政廳

博物馆

博物館

学校

學校

大学

大學

银行

銀行

医院

醫院

酒店

飯店

药房

藥房

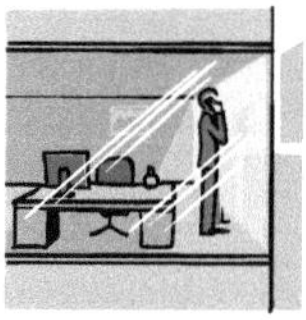

办公室

辦公室

书店

書店

商店

商店

花店

花店

超市

超市

市场

市場

百货商店

百貨商店

鱼店

魚店

购物中心

購物中心

海港

海港

公园

公園

长凳

長凳

桥

橋

楼梯

樓梯

地铁

捷運

隧道

隧道

公交车站

公車站

酒吧

酒吧

餐馆

餐館

邮筒

郵筒

路标

路標

停车计时器

停車計時器

动物园

動物園

游泳馆

游泳池

清真寺

清真寺

农场

農場

污染

污染

墓地

墓地

教堂

教堂

操场

操場

寺庙

寺廟

地形

地形

树叶
樹葉
指示牌
指示牌
路
路
草地
草地
石头
石頭
徒步旅行者
徒步旅行者
树
樹
河
河
草
草
花
花

峡谷

峡谷

山

丘陵

湖

湖

森林

森林

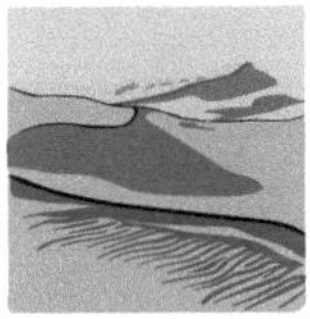

沙漠

沙漠

火山

火山

城堡

城堡

彩虹

彩虹

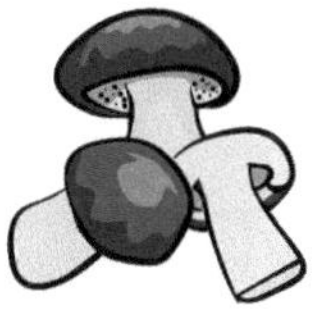

蘑菇

蘑菇

棕榈树

棕櫚樹

蚊子

蚊子

苍蝇

蒼蠅

蚂蚁

螞蟻

蜜蜂

蜜蜂

蜘蛛

蜘蛛

甲虫
甲蟲

青蛙
青蛙

松鼠
松鼠

刺猬
刺蝟

野兔
野兔

猫头鹰
貓頭鷹

鸟
鳥

天鹅
天鵝

野猪
野豬

鹿
鹿

麋鹿
麋鹿

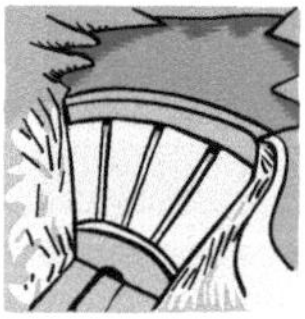
水坝
水壩

风力发电机
風力發電機

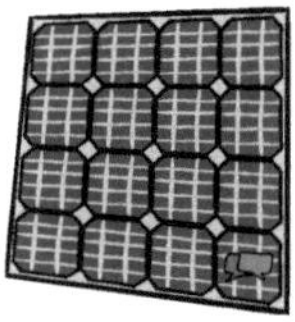
太阳能电池板
太陽能電池板

气候
氣候

餐馆
餐館

服务员
服務生
菜单
菜譜
椅子
椅子
汤
湯
披萨饼
披薩餅
餐具
餐具
桌布
桌布

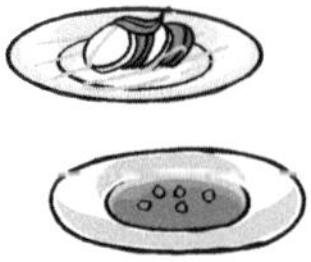
前菜

前菜

主菜

主菜

甜点

甜點

饮料

飲料

食物

食物

瓶子

瓶子

快餐

速食

街边小吃

街邊小吃

茶壶

茶壺

糖盒

糖盒

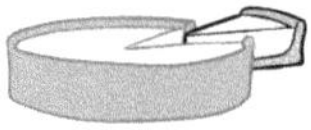

一份饭菜

一份飯菜

意式咖啡机

義式咖啡機

高脚椅

高腳椅

账单

帳單

托盘

托盤

刀

刀

餐叉

餐叉

勺子

勺子

茶匙

茶匙

餐巾

餐巾

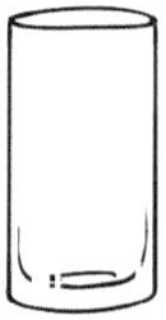

玻璃杯

玻璃杯

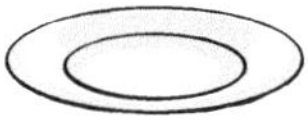

碟子

碟子

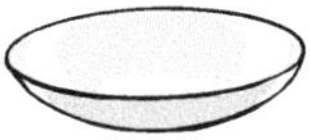

汤盘

湯盤

碟子

碟子

酱

醬

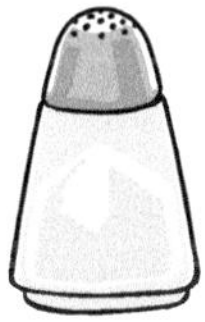

盐瓶

鹽瓶

胡椒磨

胡椒研磨罐

醋

醋

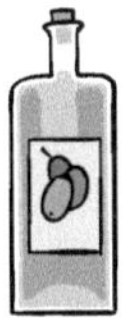

食用油

食用油

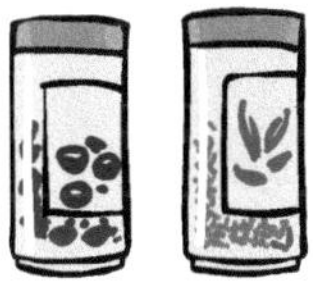

调味料

調味料

番茄酱

番茄醬

芥末

芥末

蛋黄酱

美乃滋

超市

超市

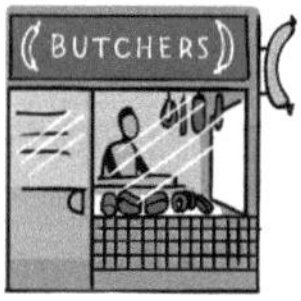

肉铺

肉鋪

面包房

麵包店

称重

稱重

蔬菜

蔬菜

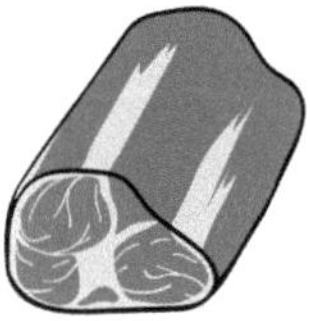

肉

肉

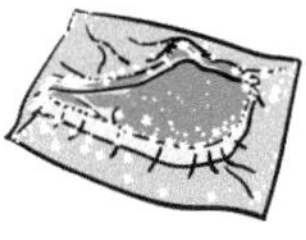

冷冻食品

冷凍食品

冷盘

冷盤

罐头食品

罐頭食品

洗衣粉

洗衣粉

甜食

甜食

日用品

日用品

清洁用品

清潔用品

销售员

銷售員

收银机

收銀機

收银员

收銀員

购物清单

購物清單

开放时间

開放時間

钱包

錢包

信用卡

信用卡

袋子

袋子

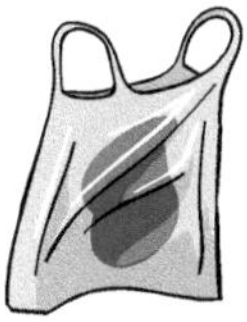

塑料袋

塑膠袋

饮料
飲料

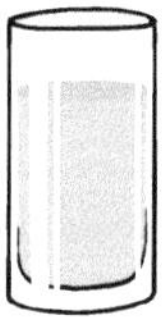

水

水

果汁

果汁

牛奶

牛奶

可乐

可樂

红酒

紅酒

啤酒

啤酒

酒

酒

可可

可可

茶

茶

咖啡

咖啡

意式浓缩咖啡

義式濃縮咖啡

卡布奇诺

卡布奇諾

食物

食物

香蕉

香蕉

苹果

蘋果

橙子

柳丁

西瓜

西瓜

柠檬

檸檬

胡萝卜

胡蘿蔔

大蒜

大蒜

竹子

竹子

洋葱

洋蔥

蘑菇

蘑菇

坚果

堅果

面条

麵條

意大利面条

義大利麵

米饭

米飯

沙拉

沙拉

薯条

薯條

炸土豆

炸馬鈴薯

披萨饼

披薩餅

汉堡包

漢堡

三明治

三明治

炸猪排

炸豬排

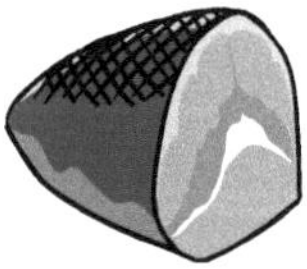

火腿

火腿

萨拉米

義大利臘腸

香肠

香腸

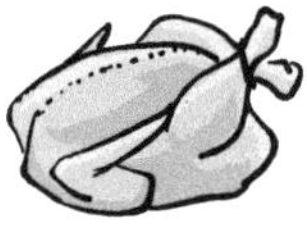

鸡肉

雞肉

烤肉

烤肉

鱼

魚

燕麦片

燕麥片

穆兹利

木斯里

玉米片

玉米片

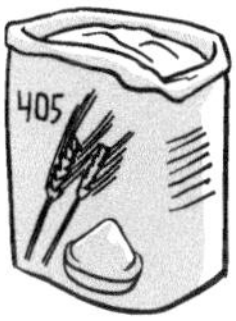

面粉

麵粉

羊角面包

牛角麵包

面包卷

麵包捲

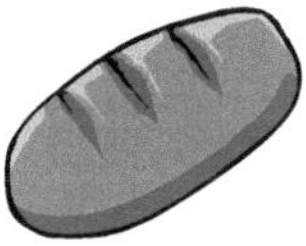

面包

麵包

烤面包

吐司

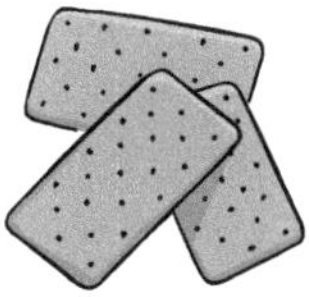

饼干

餅乾

黄油

奶油

凝乳

凝乳

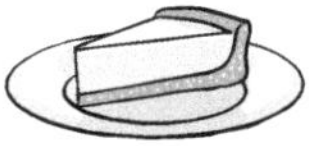

蛋糕

蛋糕

蛋

蛋

煎蛋

煎蛋

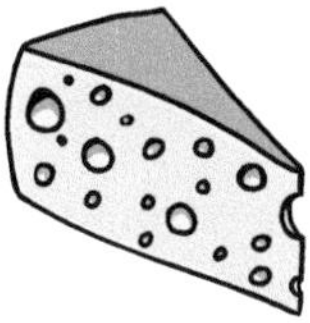

奶酪

起司

冰激凌

冰淇淋

糖

糖

蜂蜜

蜂蜜

果酱

果醬

巧克力酱

巧克力醬

咖喱饭

咖哩

农场
農場

农舍
農舍
粮仓
糧倉
稻草捆
稻草捆
田野
田野
马
馬
拖车
拖車
拖拉机
拖拉機
马驹
馬駒
驴
驢
羊
羊
羔羊
羔羊

山羊
山羊

奶牛
奶牛

牛犊
小牛

猪
豬

小猪
小豬

公牛
公牛

鹅

鵝

鸭

鴨

小鸡

小雞

母鸡

母雞

公鸡

公雞

鼠

鼠

猫

貓

老鼠

老鼠

牛

牛

狗

狗

狗屋

狗屋

花园浇水软管

花園澆水軟管

洒水壶

澆水壺

长柄大镰刀

長柄大鐮刀

犁

犁

镰刀

镰刀

锄头

鋤頭

长柄草耙

長柄草耙

斧头

斧頭

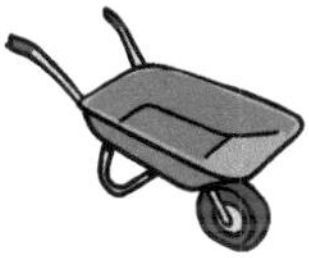

独轮手推车

獨輪手推車

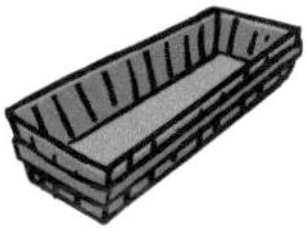

饲料槽

飼料槽

牛奶罐

牛奶罐

麻布袋

麻布袋

栅栏

柵欄

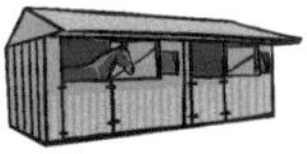

马厩

馬廄

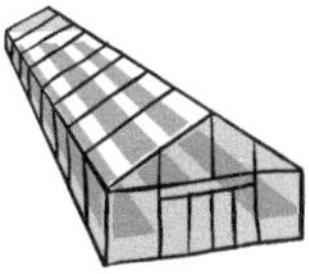

温室

溫室

土壤

土壤

种子

種子

肥料

肥料

联合收割机

聯合收割機

收割

收割

收割

收割

山药

地瓜

小麦

小麥

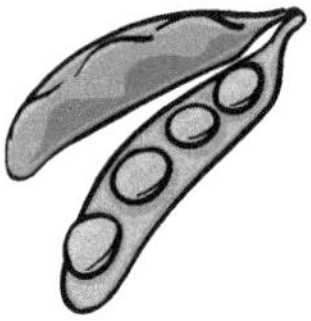

大豆

大豆

土豆

土豆

玉米

玉米

油菜籽

油菜籽

果树

果樹

树薯

樹薯

谷物

穀物

房子

房子

烟囱
煙囪
屋顶
屋頂
落水管
落水管
窗户
窗戶
车库
車庫
门铃
門鈴
门
門
垃圾桶
垃圾桶
信箱
信箱
花园
花園

客厅

客廳

浴室

浴室

厨房

廚房

卧室

臥室

儿童房

兒童房

餐厅

餐廳

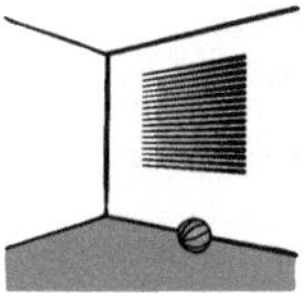

地板

地板

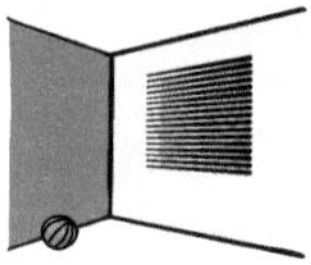

墙壁

牆壁

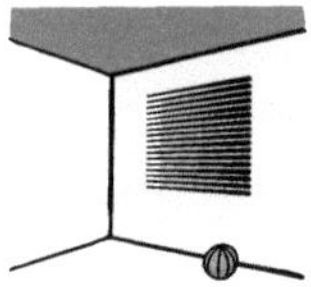

吊顶

天花板

地窖

地窖

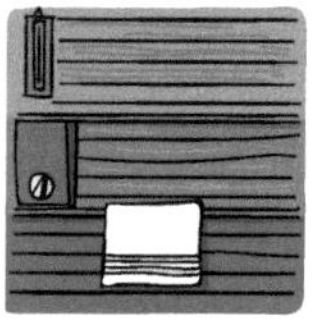

桑拿

三溫暖

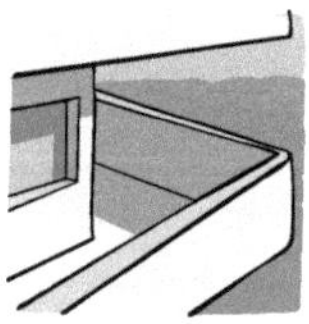

阳台

陽臺

露台

露臺

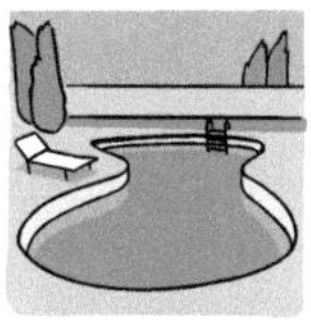

游泳池

游泳池

割草机

割草機

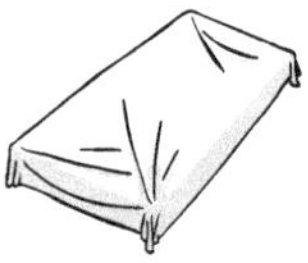

被单

被單

床罩

床罩

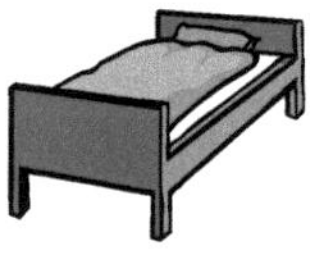

床

床

扫帚

掃帚

水桶

水桶

开关

開關

客厅
客廳

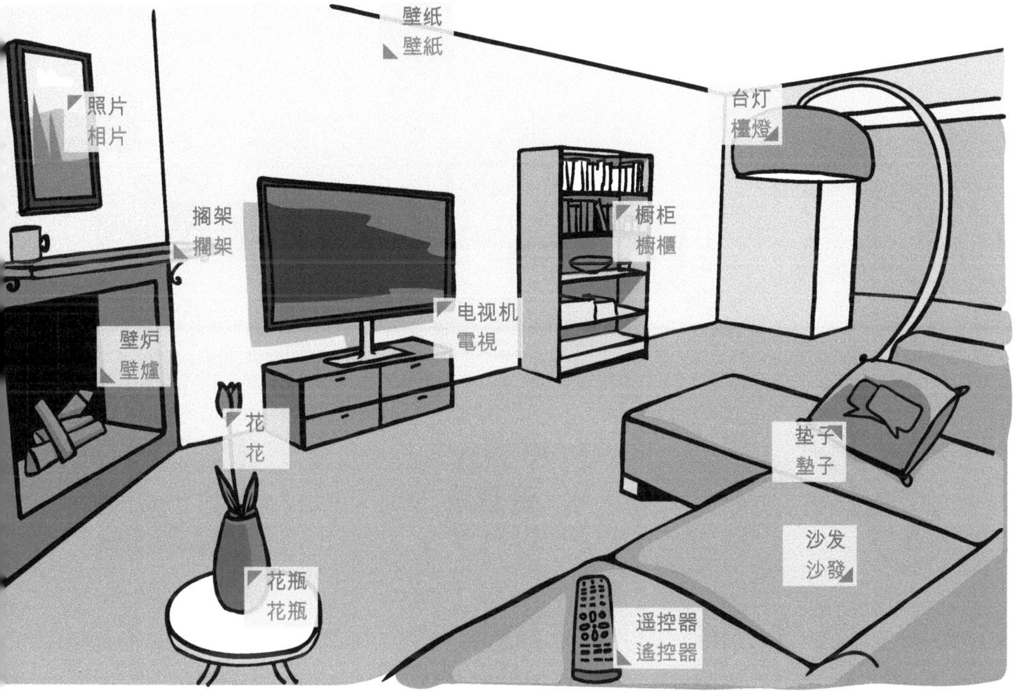
壁纸
壁紙
照片
相片
台灯
檯燈
搁架
擱架
橱柜
櫥櫃
电视机
電視
壁炉
壁爐
花
花
垫子
墊子
沙发
沙發
花瓶
花瓶
遥控器
遙控器

地毯
地毯

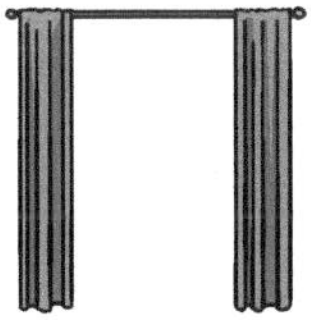
窗帘
窗簾

餐桌
餐桌

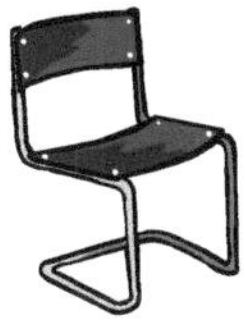
椅子
椅子

摇椅
搖椅

扶手椅
扶手椅

书

書

毯子

毯子

装饰品

裝飾品

木柴

木柴

电影

電影

高保真音响

高傳真音響

钥匙

鑰匙

报纸

報紙

油画

油畫

海报

海報

收音机

收音機

笔记本

筆記本

吸尘器

吸塵器

仙人掌

仙人掌

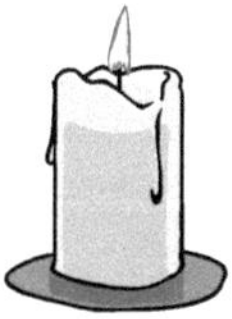

蜡烛

蠟燭

冰箱
冰箱
微波炉
微波爐
厨房秤
廚房秤
烤面包机
烤麵包機
洗洁精
洗潔精
烤箱
烤箱
冰柜
冰櫃
垃圾桶
垃圾桶
洗碗机
洗碗機

炊具

炊具

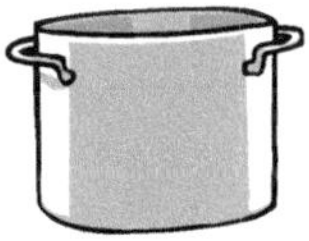

锅

鍋

铸铁锅

鑄鐵鍋

炒锅

炒鍋

平底锅

平底鍋

水壶

水壺

蒸锅

蒸鍋

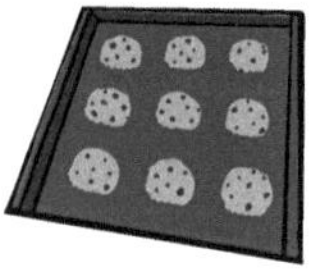

烤盘

烤盤

陶瓷锅

陶瓷鍋

马克杯

馬克杯

碗

碗

筷子

筷子

长柄勺

長柄勺

铲子

鏟子

搅拌器

攪拌器

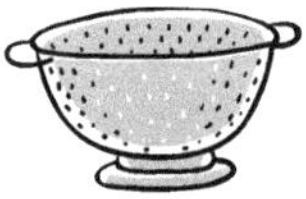

滤网

濾網

筛子

篩子

磨碎机

磨碎機

研钵

研缽

烧烤

燒烤

明火

明火

菜板

菜板

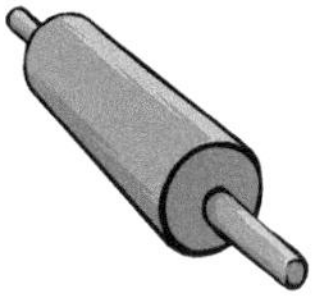

擀面杖

擀麵杖

开瓶器

開瓶器

罐子

罐子

开罐器

開罐器

隔热手套

隔熱手套

水槽

水槽

刷子

刷子

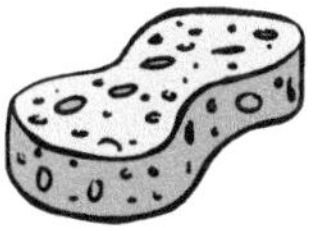

海绵

海綿

搅拌机

攪拌機

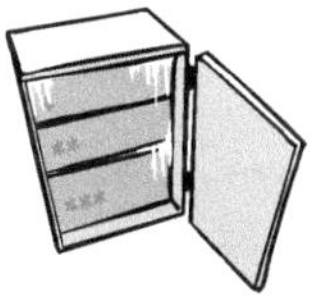

冷藏箱

冷藏箱

奶瓶

奶瓶

水龙头

水龍頭

浴室

浴室

供暖设备
供暖裝置
毛巾
毛巾
淋浴
淋浴
浴帘
浴簾
泡沫浴
泡沫浴
浴缸
浴缸
玻璃杯
玻璃杯
洗衣机
洗衣機
水龙头
水龍頭
瓷砖
瓷磚
便壶
便壺
水槽
水槽

厕所

厠所

蹲便器

蹲便器

坐浴器

坐浴器

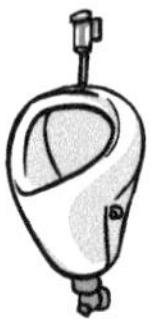

小便池

小便斗

厕纸

廁紙

马桶刷

馬桶刷

牙刷

牙刷

牙膏

牙膏

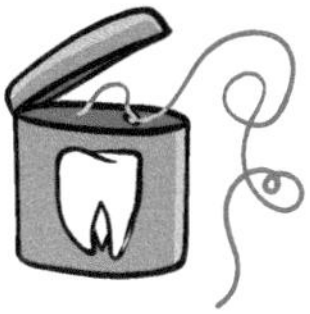

牙线

牙線

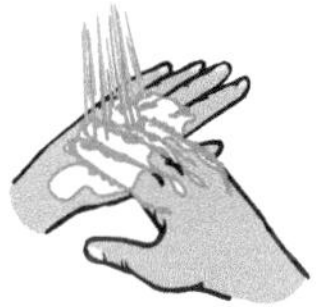

洗

洗

手持式喷淋头

手持式蓮蓬頭

冲洗器

沖洗器

洗脸盆

洗臉盆

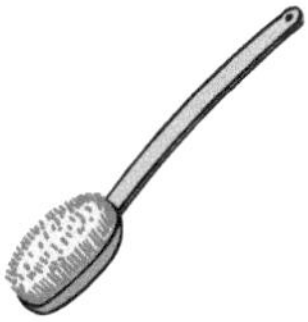

擦背刷

洗背刷

肥皂

肥皂

沐浴露

沐浴露

洗发水

洗髮乳

法兰绒

法蘭絨

排水

排水

乳霜

乳霜

除臭剂

除臭劑

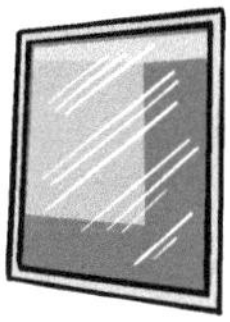
镜子
鏡子

手镜
手鏡

剃须刀
刮鬍刀

剃须泡沫
刮鬍泡沫

须后水
鬍後水

梳子
梳子

刷子
刷子

吹风机
吹風機

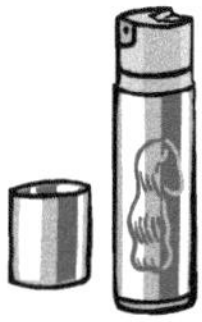
喷发定型剂
噴髮定型劑

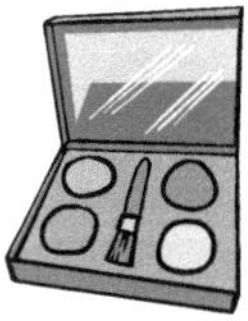
化妆品
化妝品

唇膏
唇膏

指甲油
指甲油

化妆棉
化妝棉

指甲剪
指甲剪

香水
香水

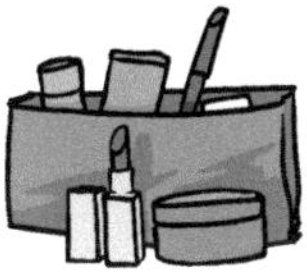

洗漱包

洗漱包

凳子

凳子

计重秤

計重秤

浴袍

浴袍

橡胶手套

橡膠手套

卫生棉条

衛生棉條

卫生巾

衛生棉

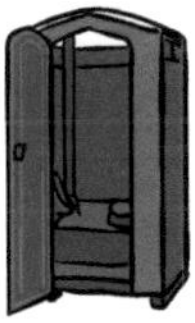

化学厕所

化學廁所

儿童房

兒童房

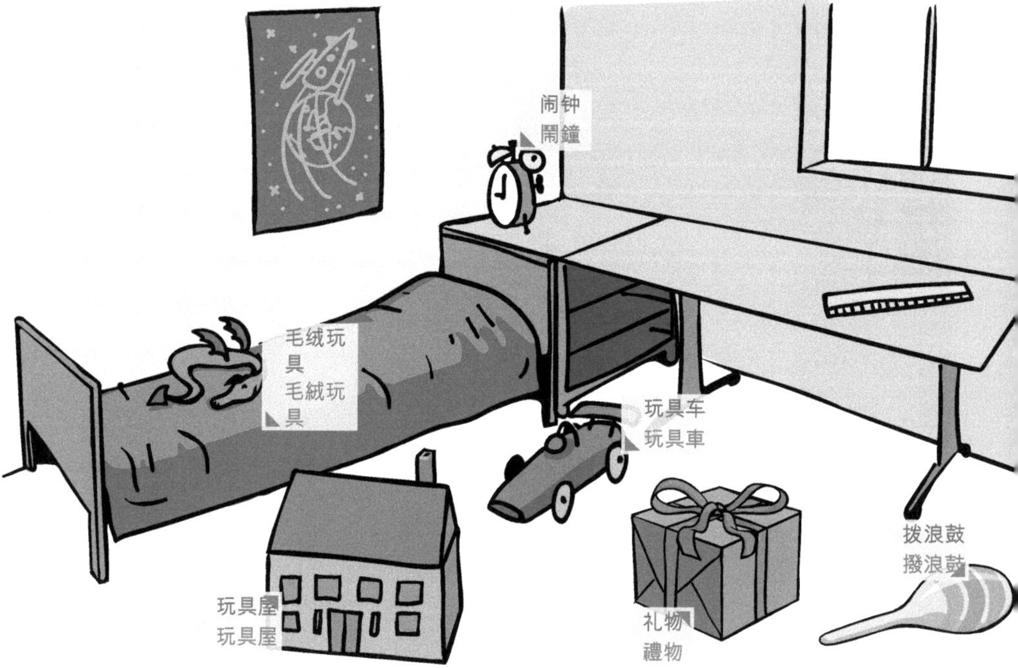
闹钟
鬧鐘
毛绒玩具
毛絨玩具
玩具车
玩具車
拨浪鼓
撥浪鼓
玩具屋
玩具屋
礼物
禮物

气球

氣球

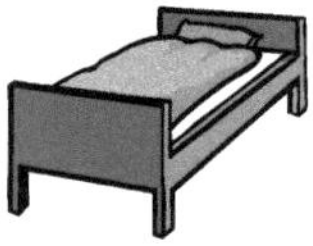

床

床

（洋娃娃用）婴儿车

嬰兒車

扑克牌

撲克牌

拼图

拼圖

SUPER
MEGA

漫画

漫畫

乐高积木

樂高積木

积木玩具

積木玩具

玩具人

公仔

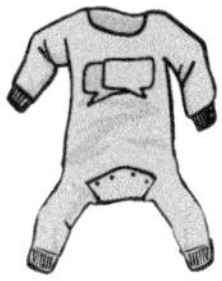

婴儿服

嬰兒服

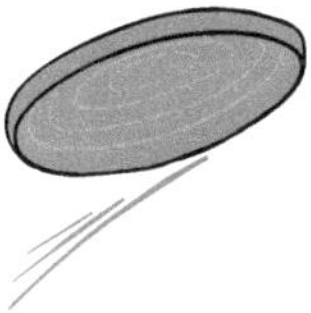

飞盘

飛盤

床铃玩具

床鈴玩具

棋盘游戏

棋盤遊戲

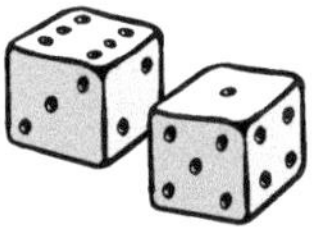

骰子

骰子

火车模型

火車模型

安抚奶嘴

安撫奶嘴

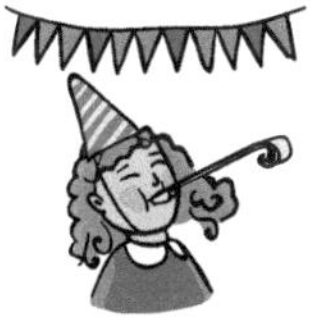

聚会

派對

绘本

繪本

球

球

洋娃娃

洋娃娃

玩

玩

沙坑

沙坑

秋千

鞦韆

玩具

玩具

游戏机

電玩遊戲

三轮车

三輪車

泰迪熊

泰迪熊

衣柜

衣櫃

衣服

衣服

袜子

襪子

长袜

長襪

紧身裤

緊身褲

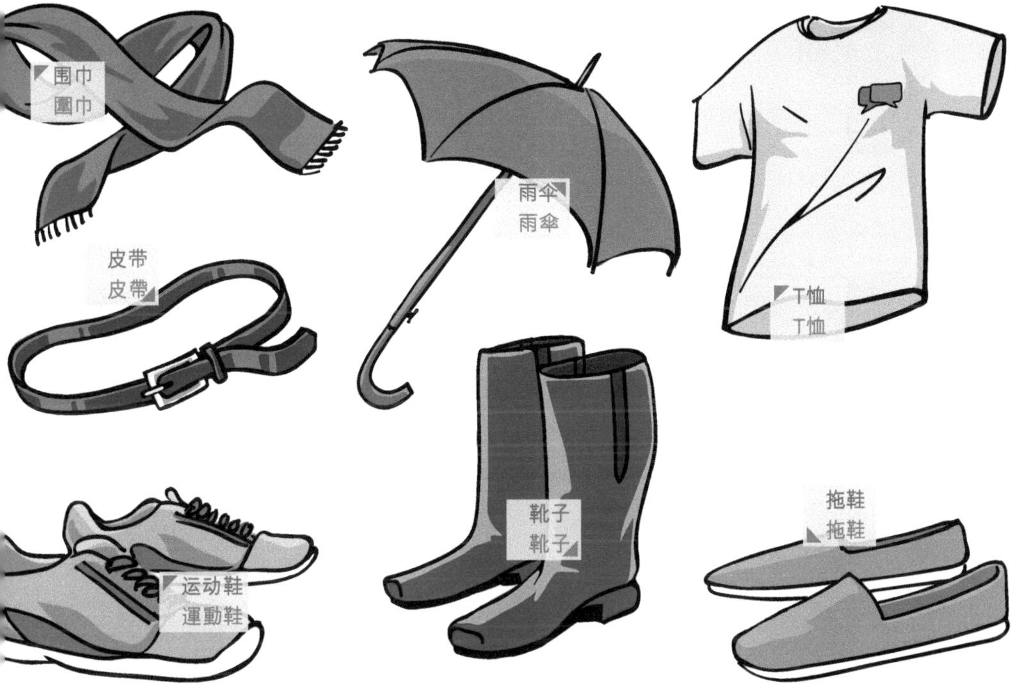
围巾
圍巾
雨伞
雨傘
T恤
T恤
皮带
皮帶
运动鞋
運動鞋
靴子
靴子
拖鞋
拖鞋

凉鞋

涼鞋

鞋

鞋

雨靴

雨靴

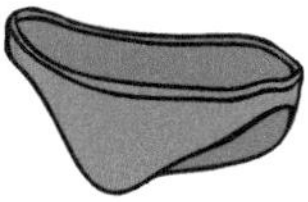

内裤

內褲

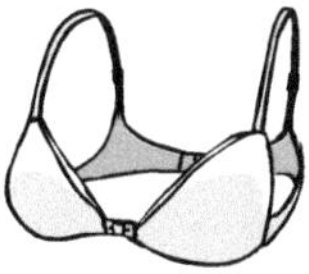

胸罩

胸罩

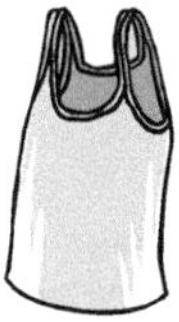

背心

背心

身体

身體

裤子

褲子

牛仔裤

牛仔褲

短裙

短裙

女式衬衫

女式襯衫

衬衫

襯衫

套头衫

套頭衫

卫衣

連帽上衣

西装夹克

西裝夾克

夹克

夾克

外套

外套

雨衣

雨衣

套装

套裝

连衣裙

連衣裙

婚纱

婚紗

西装

西裝

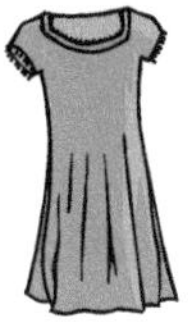

睡袍

睡袍

睡衣

睡衣

莎丽

莎麗

头巾

頭巾

包头巾

包頭巾

波卡

波卡

卡夫坦

卡夫坦

(阿拉伯式)长袍长袍

(阿拉伯式)長袍

泳衣

泳衣

男式泳裤

男式泳褲

短裤

短褲

运动服

運動服

围裙

圍裙

手套

手套

纽扣

鈕扣

眼镜

眼鏡

手链

手鏈

项链

項鍊

戒指

戒指

耳环

耳環

便帽

便帽

衣架

衣架

帽子

帽子

领带

領帶

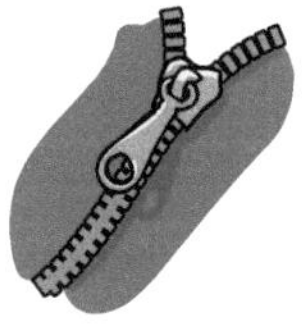

拉链

拉鍊

头盔

安全帽

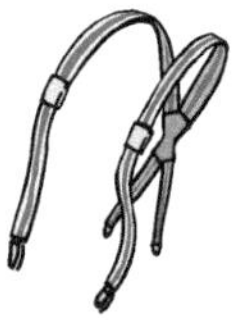

背带

背帶

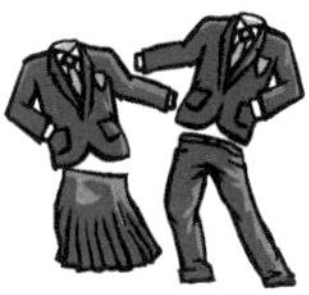

校服

校服

制服

制服

围兜

圍兜

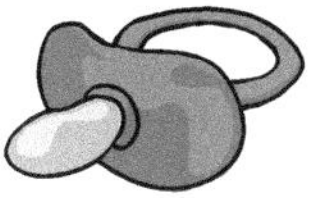

安抚奶嘴

安撫奶嘴

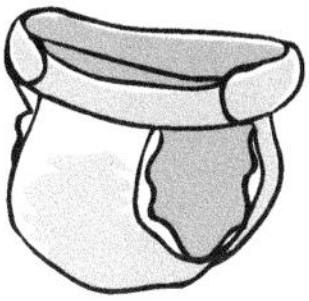

尿不湿

尿布

办公室

辦公室

服务器
伺服器
文件柜
檔案櫃
打印机
印表機
纸
紙
显示屏
螢幕
鼠标
滑鼠
办公桌
辦公桌
文件夹
資料夾
键盘
鍵盤
椅子
椅子
废纸篓
廢紙簍
电脑
電腦

咖啡杯

咖啡杯

计算器

計算機

因特网

網際網路

笔记本电脑

筆記型電腦

信件

信件

消息

簡訊

手机

行動電話

网络

網路

复印机

影印機

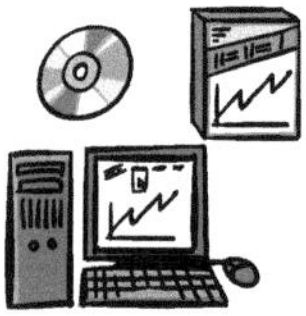

软件

軟體

电话

電話

插座

插座

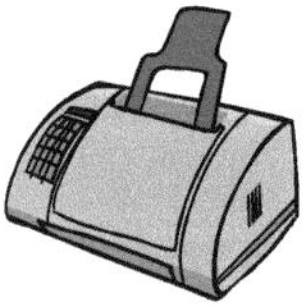

传真机

傳真機

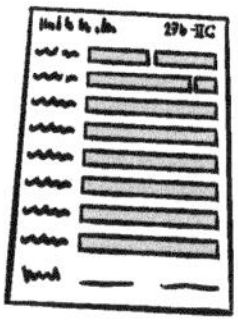

表格

表格

文件

檔案

经济
經濟

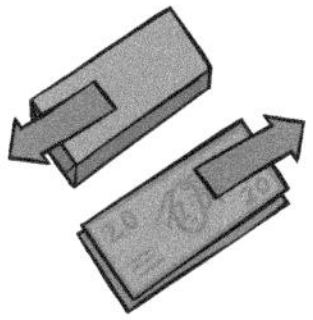

买

買

付钱

付錢

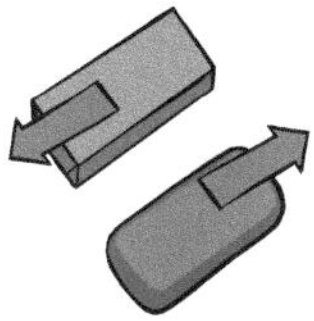

交易

交易

现金

現金

美元

美元

欧元

歐元

日元

日元

卢布

盧布

瑞士法郎

瑞士法郎

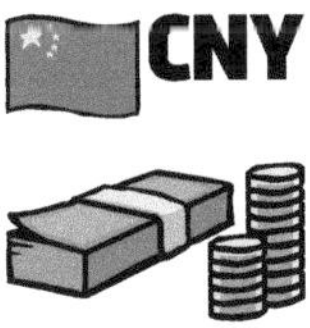

人民币

人民幣

卢比

盧比

提款处

提款處

外币兑换处

外幣兌換處

金

金

银

銀

石油

石油

能源

能源

36€

价格

價格

合同

合約

税金

稅金

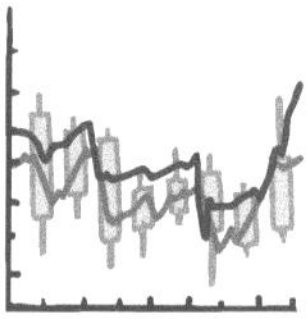

股票

股票

工作

工作

职员

職員

老板

老闆

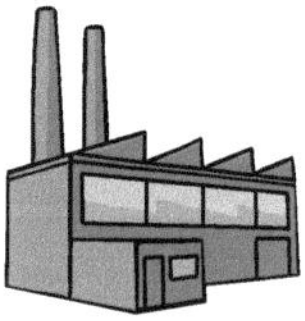

工厂

工廠

heute billig,
morgen teuer!

商店

商店

职业
職業

警官
警官
消防员
消防員
厨师
廚師
医生
醫師
飞行员
飛行員

园丁

園丁

木匠

木匠

裁缝

裁縫

法官

法官

化学家

化學家

演员

演員

公交车司机

公車司機

出租车司机

計程車司機

渔夫

漁夫

清洁女工

清洗女工

屋顶工

屋頂工

服务员

服務生

猎人

獵人

画家

畫家

面包师

麵包師

电工

電工

建筑工人

建築工人

工程师

工程師

屠夫

屠夫

水管工

水管工

邮递员

郵差

士兵

士兵

建筑师

建築師

收银员

收銀員

花农

花農

理发师

理髮師

售票员

售票員

机械师

機械技師

船长

船長

牙医

牙醫

科学家

科學家

拉比

拉比

伊玛目

伊瑪目

和尚

和尚

牧师

牧師

工具
工具

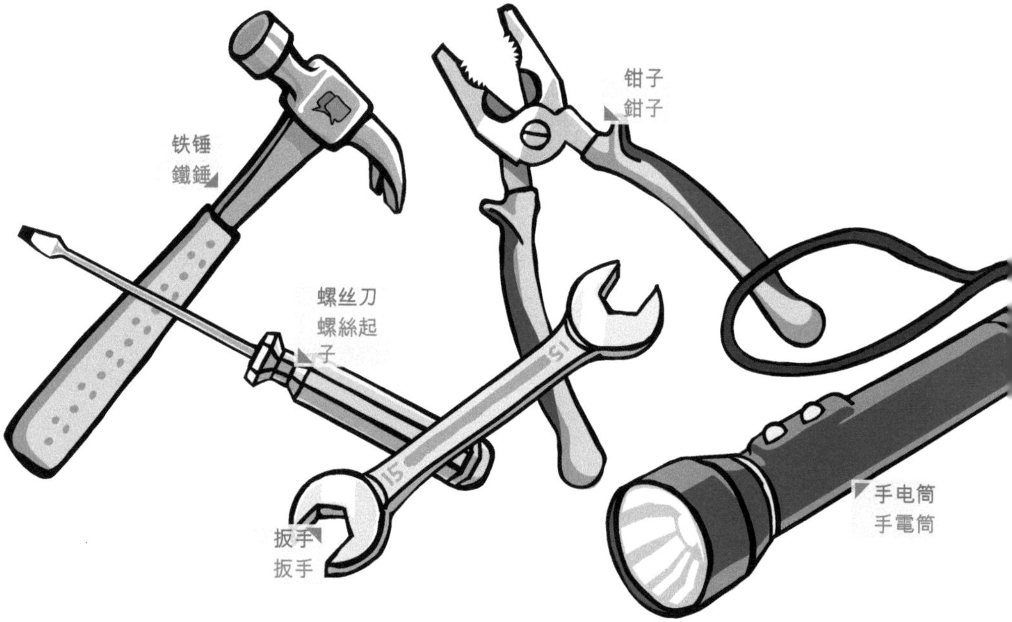

铁锤
鐵錘
钳子
鉗子
螺丝刀
螺絲起子
扳手
扳手
手电筒
手電筒

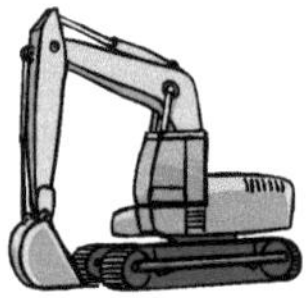

挖掘机

挖掘機

工具箱

工具箱

梯子

梯子

锯子

鋸子

钉子

釘子

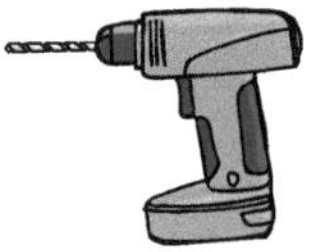

钻机

鑽機

修

修

铲子

鏟子

靠！

糟糕！

簸箕

畚箕

油漆桶

油漆桶

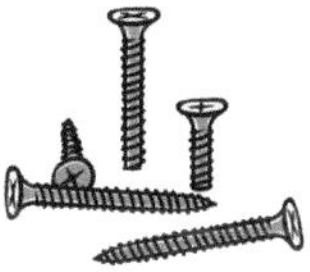

螺丝

螺絲

乐器
樂器

扬声器
揚聲器

打击乐器
打擊樂器

吉他
吉他

小号
小號

低音提琴
低音提琴

钢琴

鋼琴

小提琴

小提琴

贝斯

貝斯

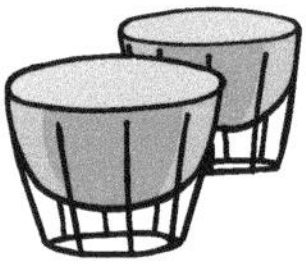

定音鼓

定音鼓

鼓

鼓

电子琴

電子琴

萨克斯管

薩克斯風

长笛

長笛

麦克风

麥克風

动物园

動物園

入口
入口
老虎
老虎
笼子
籠子
斑马
斑馬
动物饲料
動物飼料
熊猫
熊貓

动物

動物

大象

大象

袋鼠

袋鼠

犀牛

犀牛

大猩猩

大猩猩

熊

熊

骆驼

駱駝

鸵鸟

鴕鳥

狮子

獅子

猴子

猴子

火烈鸟

紅鶴

鹦鹉

鸚鵡

北极熊

北極熊

企鹅

企鵝

鲨鱼

鯊魚

孔雀

孔雀

蛇

蛇

鳄鱼

鱷魚

动物园管理员

動物園管理員

海豹

海豹

美洲豹

美洲豹

矮种马

矮種馬

豹

豹

河马

河馬

长颈鹿

長頸鹿

老鹰

老鷹

野猪

野豬

鱼

魚

龟

龜

海象

海象

狐狸

狐狸

羚羊

羚羊

体育
體育

橄榄球
橄欖球
骑自行车
騎腳踏車
网球
網球
篮球
籃球
游泳
游泳
拳击
拳擊
冰球
冰球

英式足球
美式足球

羽毛球
羽毛球

田径
田徑

手球
手球

滑雪
滑雪

马球
馬球

活动
活動

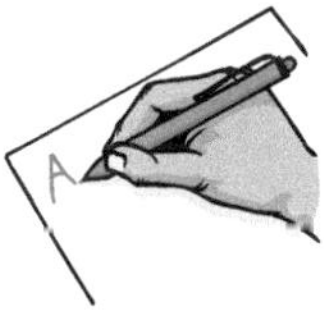

书写
書寫

画
畫

展示
展示

推
推

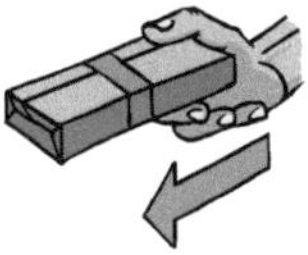

给
給

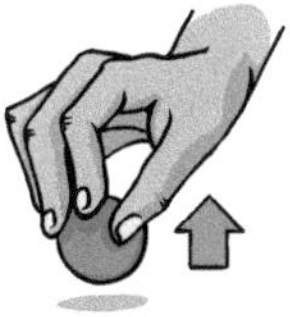

拿
拿

有

有

做

做

当

當

站

站

跑

跑

拉

拉

扔

丢

摔倒

摔倒

躺

躺

等待

等待

携带

攜帶

坐

坐

穿衣

穿衣

睡觉

睡覺

醒来

醒來

看

看

哭

哭

抚摸

擊

梳头

梳頭

交谈

交談

明白

明白

问

問

听

聽

喝

喝

吃

吃

清理

清理

爱

愛

做饭

做飯

开车

開車

飞

飛

航行

航行

计算

計算

读

讀

学习

學習

工作

工作

结婚

結婚

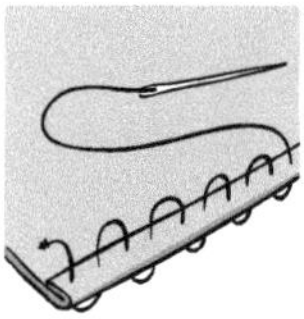

缝

縫

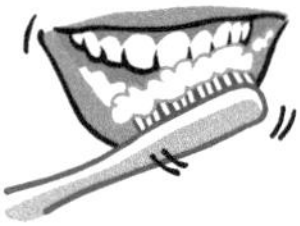

刷牙

刷牙

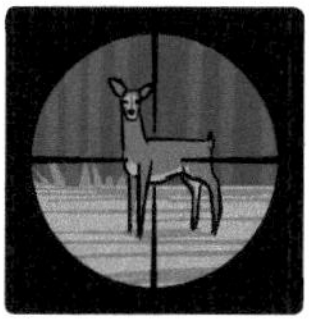

杀

殺

抽烟

抽菸

寄

寄

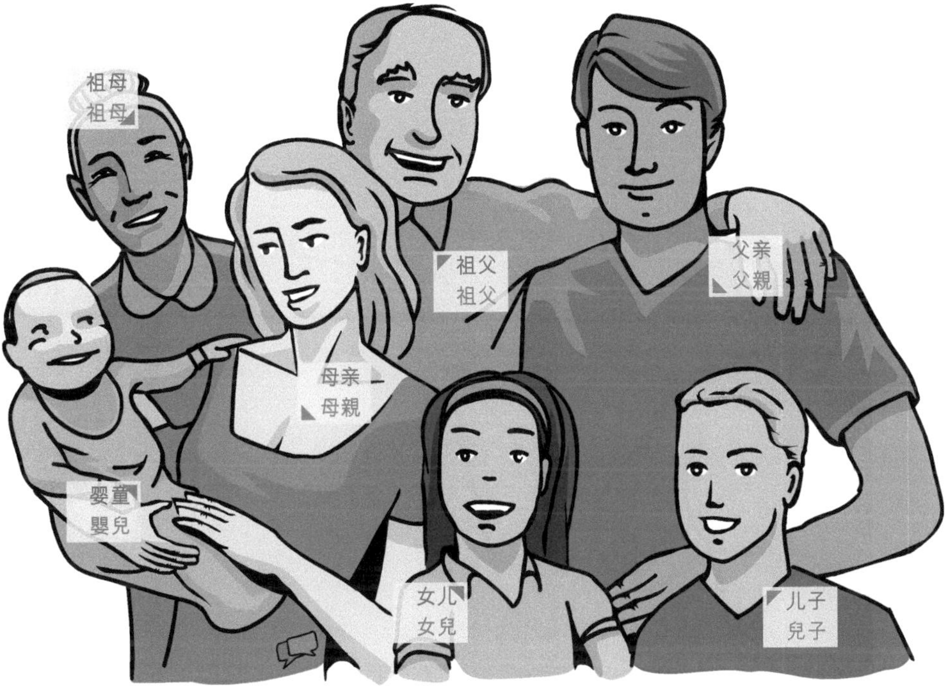
祖母
祖母
祖父
祖父
父亲
父親
母亲
母親
婴童
嬰兒
女儿
女兒
儿子
兒子

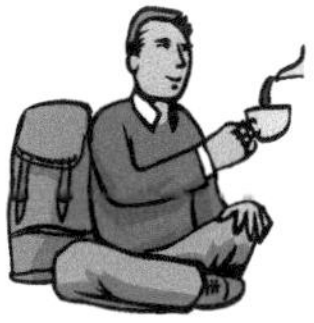

客人

客人

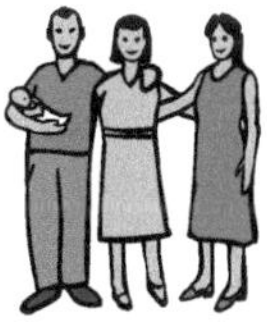

阿姨

阿姨

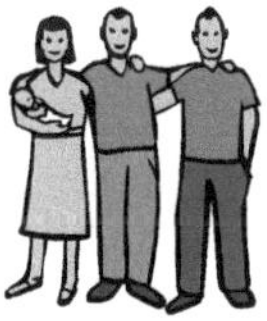

叔叔

叔叔

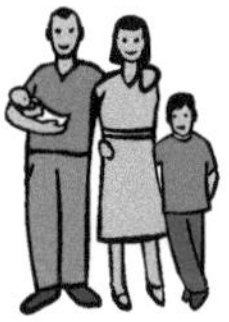

兄弟

兄弟

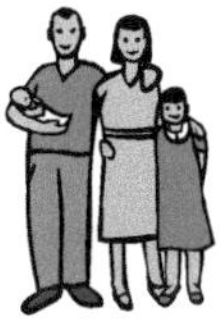

姐妹

姐妹

前额
前額

眼睛
眼睛

手指
手指

脸
臉

肩膀
肩膀

下巴
下巴

手
手

乳房
乳房

腿
腿

手臂
手臂

婴童
嬰兒

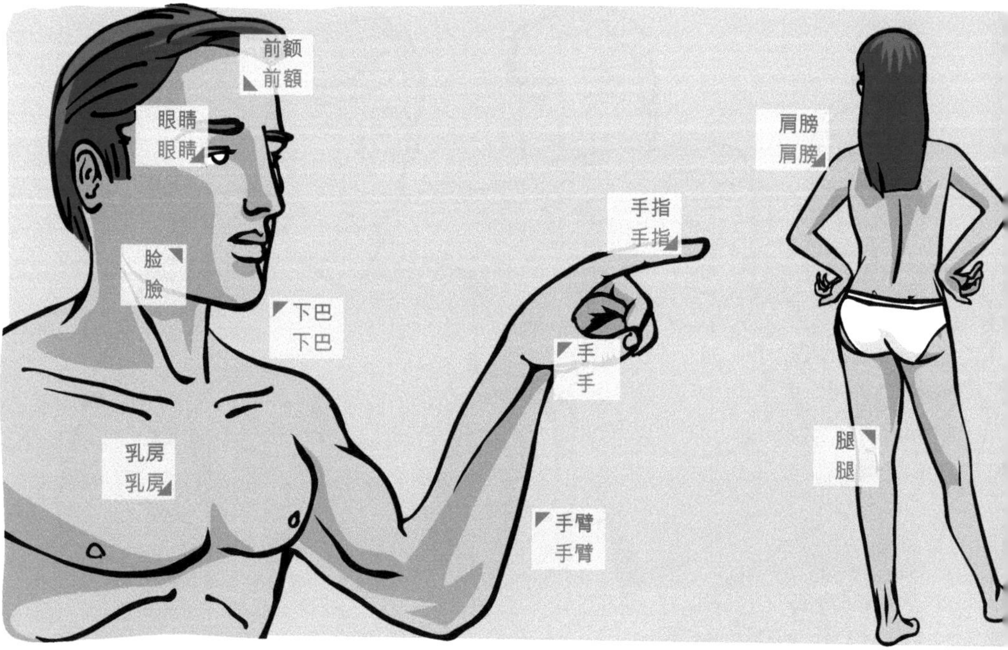

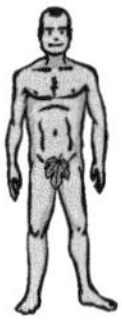

男人
男人

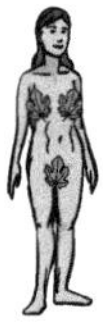

女人
女人

女孩
女孩

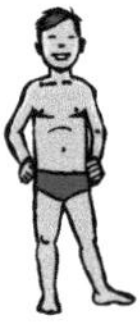

男孩
男孩

头
頭

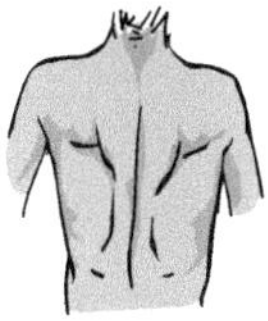

背部

背部

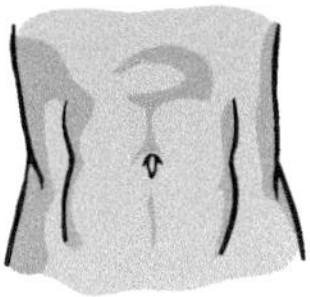

肚子

肚子

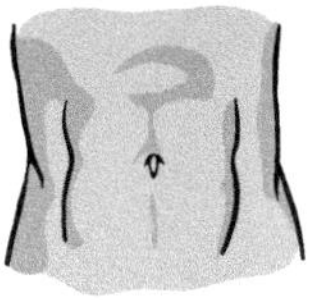

肚脐

肚臍

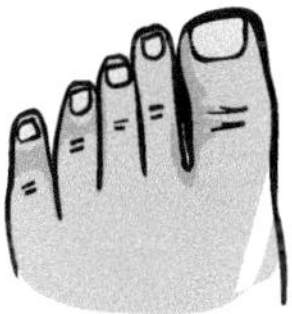

脚趾

腳趾

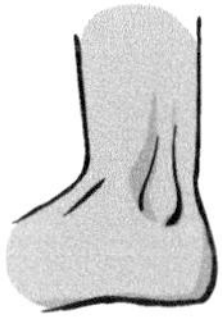

脚后跟

腳後跟

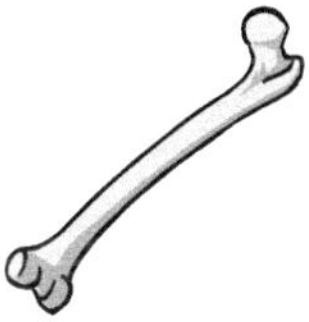

骨头

骨頭

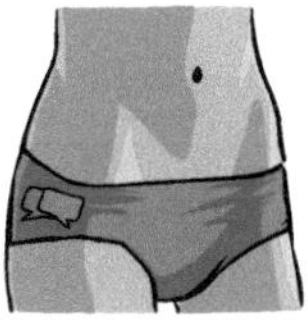

臀部

臀部

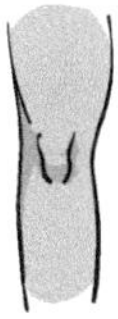

膝盖

膝蓋

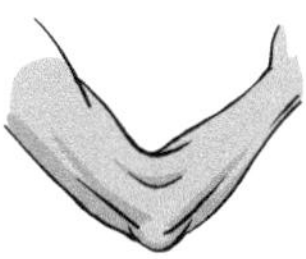

手肘

手肘

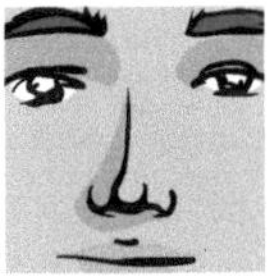

鼻子

鼻子

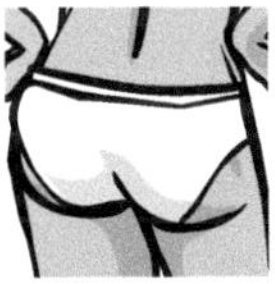

屁股

屁股

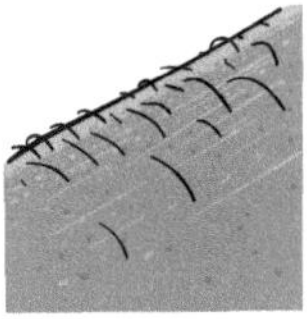

皮肤

皮膚

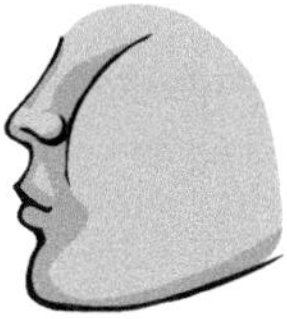

脸颊

臉頰

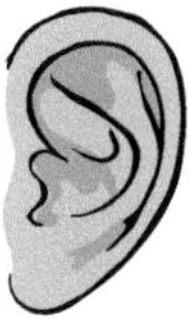

耳朵

耳朵

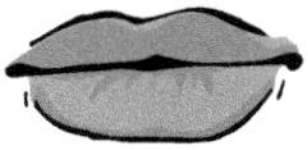

嘴唇

嘴唇

嘴

嘴

牙齿

牙齒

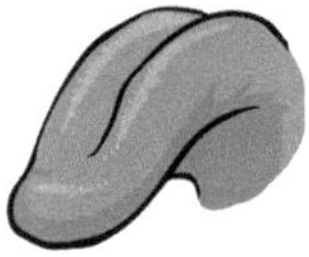

舌头

舌頭

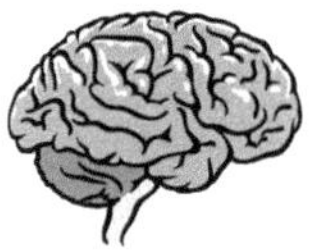

脑

腦

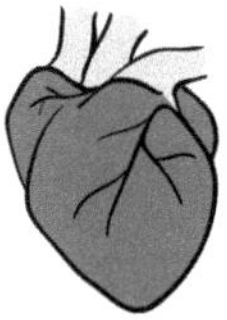

心脏

心臟

肌肉

肌肉

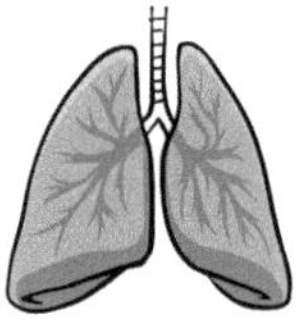

肺

肺

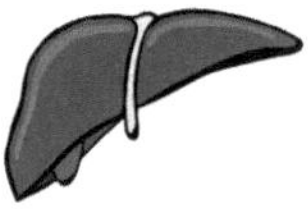

肝脏

肝臟

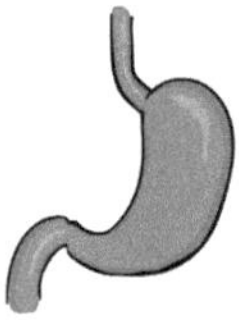

胃

胃

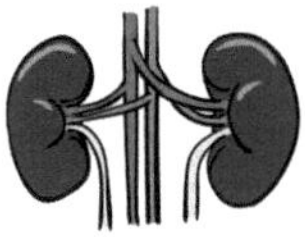

肾脏

腎臟

性交

性交

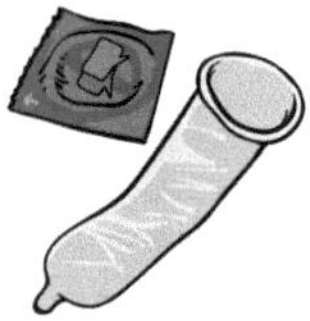

避孕套

保險套

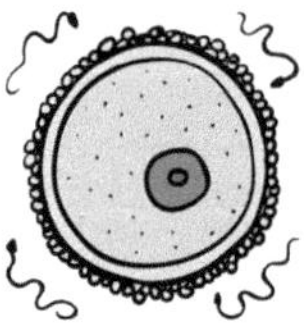

卵子

卵子

精子

精子

怀孕

懷孕

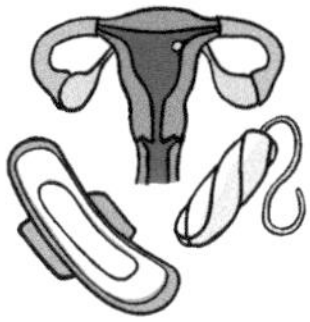

月经

月事

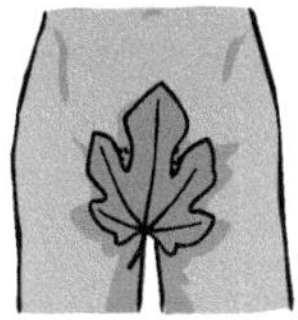

阴道

陰道

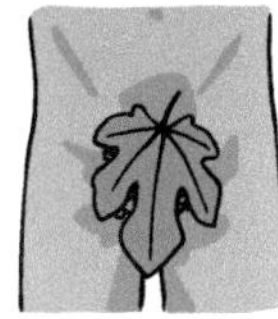

阴茎

陰莖

眉毛

眉毛

头发

頭髮

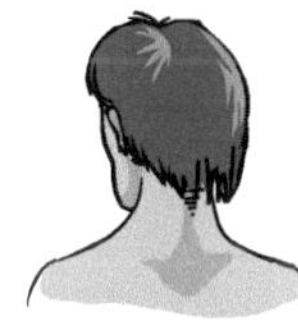

脖子

脖子

医院
醫院

医生

醫師

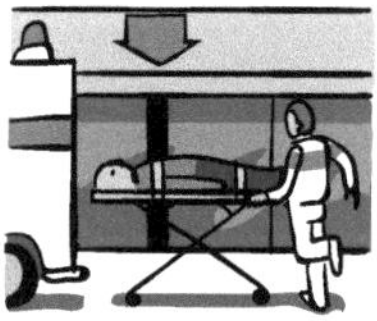

急诊室

急診室

护士

護理師

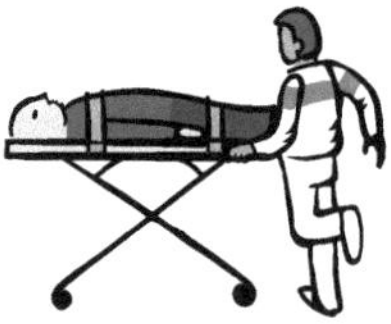

紧急情况

緊急情形

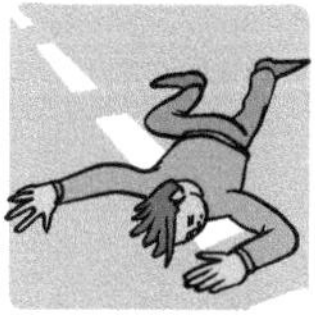

昏迷

昏迷

痛

痛

受伤

受傷

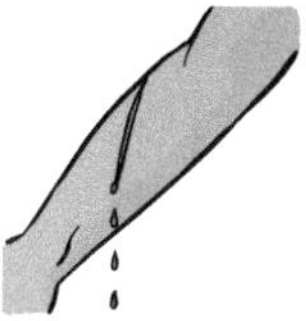

出血

出血

心脏病发作

心臟病發作

中风

中風

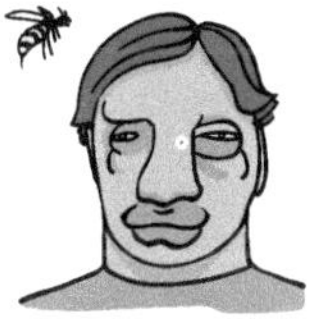

过敏

過敏

咳嗽

咳嗽

发烧

發燒

流感

流感

腹泻

腹瀉

头痛

頭痛

癌症

癌症

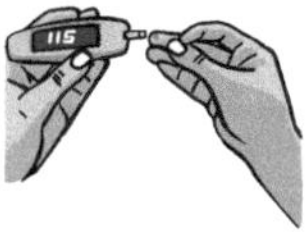

糖尿病

糖尿病

外科医生

外科醫師

手术刀

手術刀

手术

手術

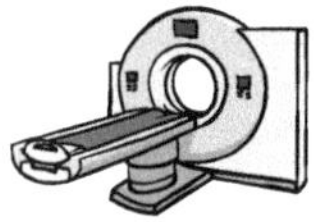

CT

電腦斷層掃描

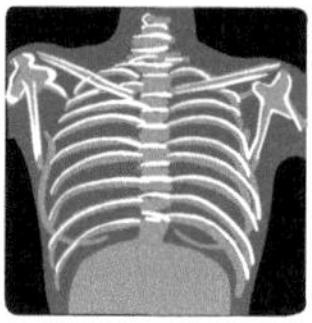

X光

X光

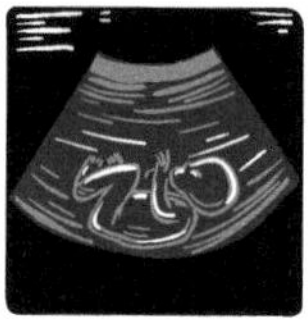

超声波

超音波

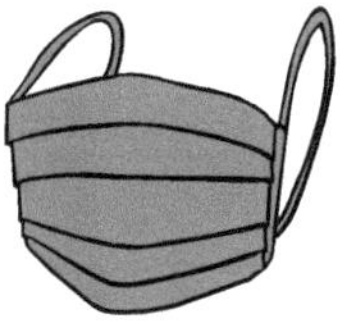

口罩

口罩

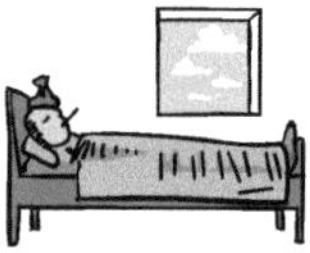

疾病

疾病

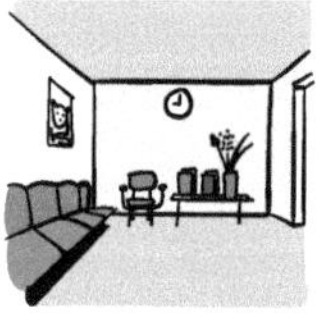

候诊室

候診室

拐杖

拐杖

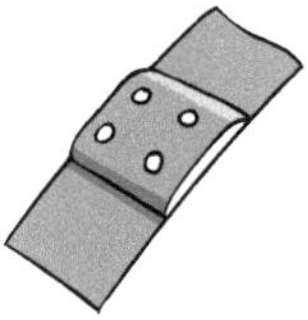

石膏

石膏

绷带

繃帶

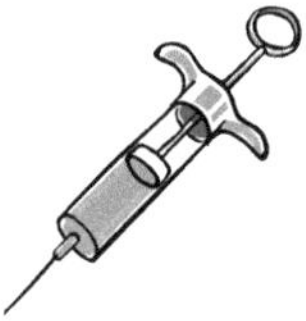

注射

注射

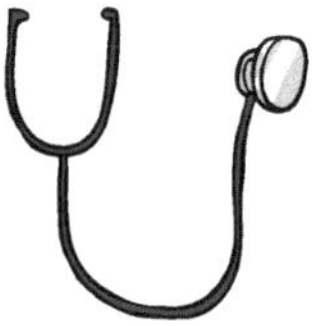

听诊器

聽診器

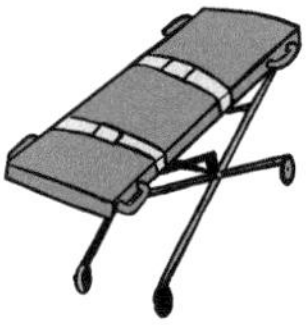

担架

擔架

体温计

體溫計

出生

出生

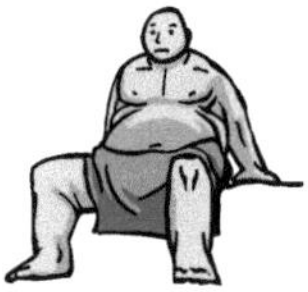

超重

超重

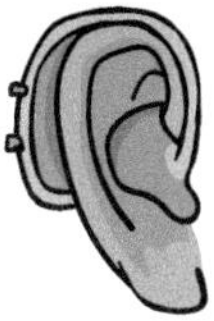

助听器

助聽器

消毒液

消毒液

感染

感染

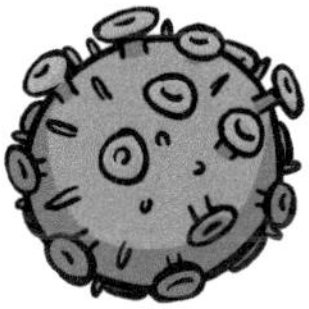

病毒

病毒

艾滋病

愛滋病

药物

藥物

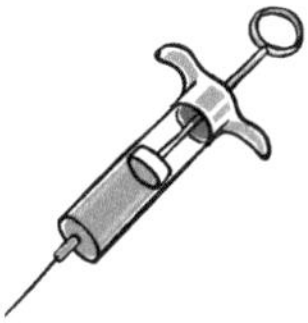

接种疫苗

接種疫苗

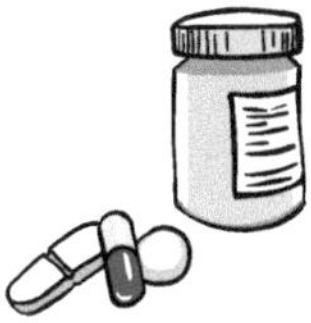

药片

藥片

药丸

藥丸

急救电话

急救電話

血压计

血壓計

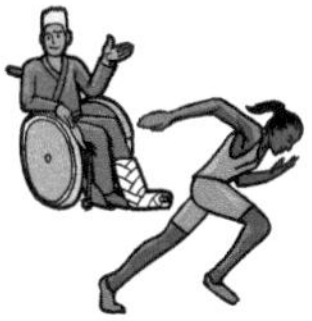

生病/健康

生病/健康

紧急情况
緊急情形

救命！

救命！

警报

警報

突击

突擊

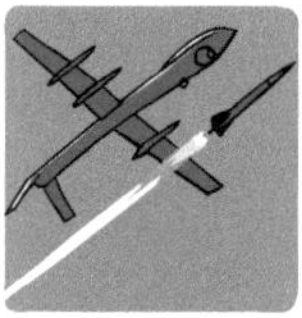

攻击

攻擊

危险

危險

紧急出口

緊急出口

着火啦！

失火了！

灭火器

滅火器

意外

意外

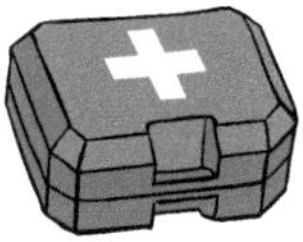

急救箱

急救箱

呼救信号

呼救訊號

警察

員警

地球

地球

欧洲

歐洲

北美洲

北美洲

南美洲

南美洲

非洲

非洲

亚洲

亞洲

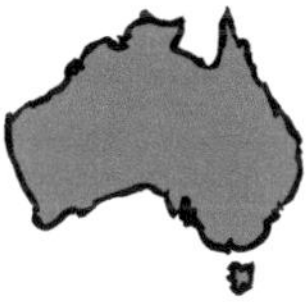

澳洲

澳洲

大西洋

大西洋

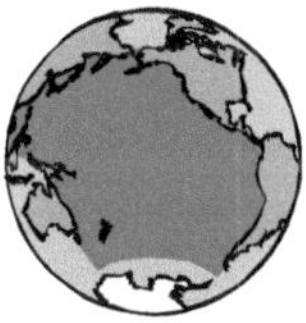

太平洋

太平洋

印度洋

印度洋

南冰洋

南冰洋

北冰洋

北冰洋

北极

北極

南极

南極

南极洲

南極洲

地球

地球

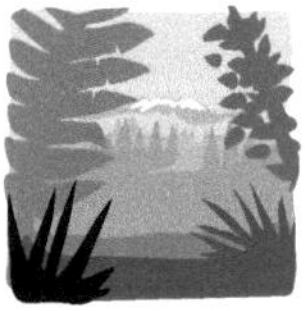

陆地

陸地

海

海

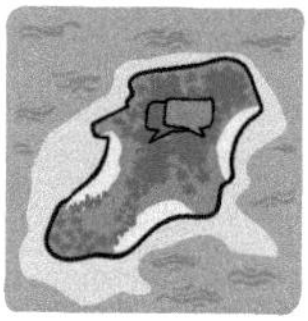

岛

島

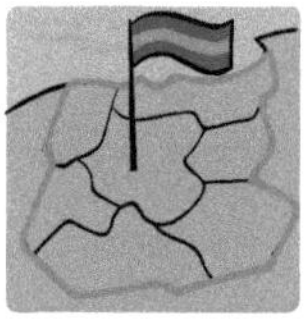

国家

國家

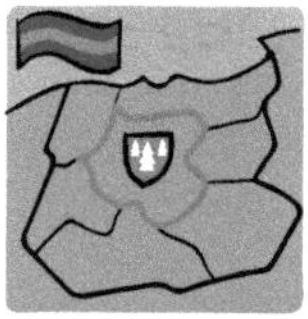

国家

州

钟表
鐘錶

钟面

鋨盤

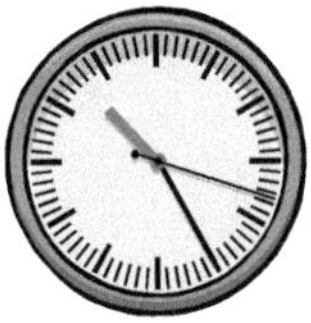

时针

時針

分针

分針

秒针

秒針

现在几点？

現在幾點？

天

天

时间

時間

现在

現在

电子表

電子錶

分

分

时

時

周
週

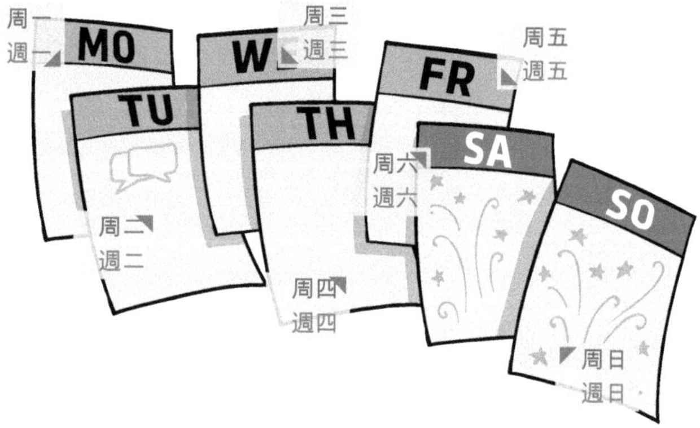

昨天
昨天

今天
今天

明天
明天

早晨
早晨

中午
中午

晚上
晚上

工作日
工作日

周末
週末

天气预报

天氣預告

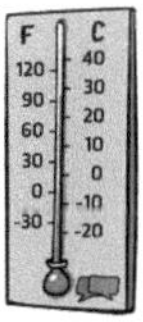

温度计

溫度計

阳光

陽光

云

雲

雾

霧

潮湿

潮濕

闪电

閃電

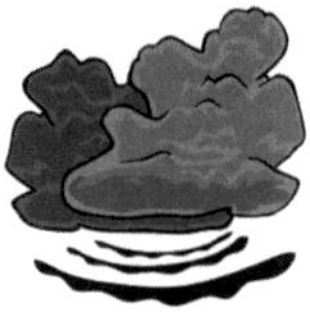

打雷

打雷

风暴

風暴

冰雹

冰雹

季风

季風

洪水

洪水

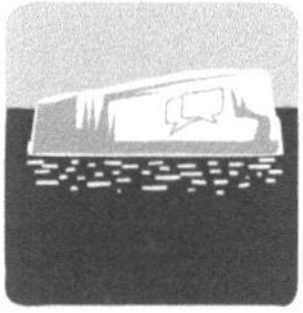

冰

冰

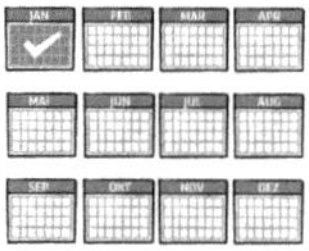

一月

一月

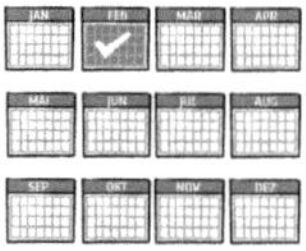

二月

二月

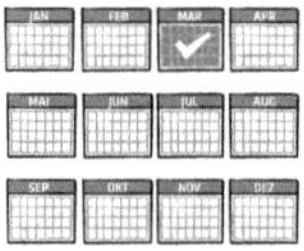

三月

三月

四月

四月

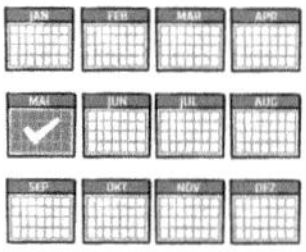

五月

五月

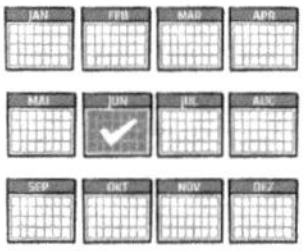

六月

六月

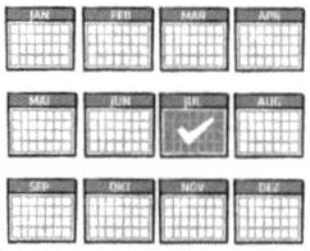

七月

七月

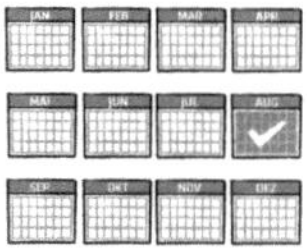

八月

八月

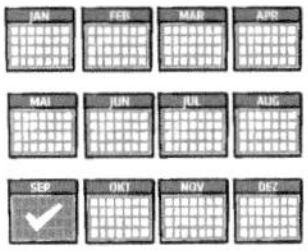

九月

九月

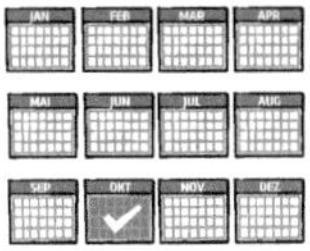

十月

十月

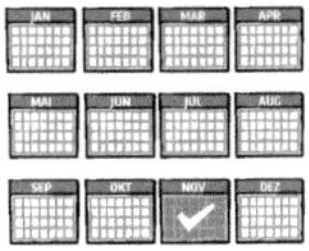

十一月

十一月

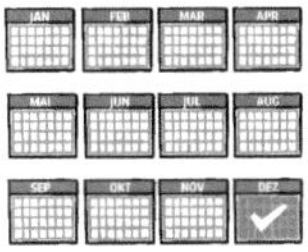

十二月

十二月

形状

形狀

圆形

圓形

正方形

正方形

长方形

長方形

三角形

三角形

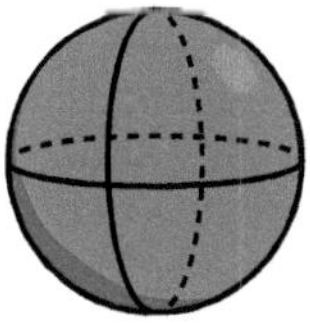

球体

球體

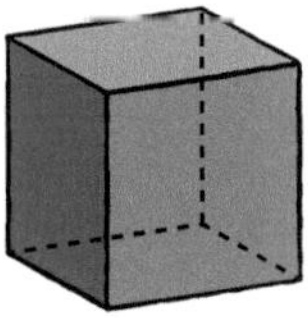

立方体

立方體

颜色
顏色

白

白

黄

黃

橙

橙

粉

粉

红

紅

紫

紫

蓝

藍

绿

綠

棕

棕

灰

灰

黑

黑

反义词
反義詞

很多/少许

很多/少許

生气/平静

生氣/平靜

美/丑

美/醜

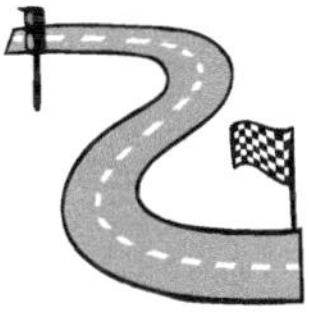

首/尾

首/尾

大/小

大/小

明/暗

明/暗

兄弟/姐妹

兄弟/姐妹

干净/肮脏

乾淨/骯髒

完整/缺失

完整/缺失

白天/晚上

白天/晚上

死/生

死/生

宽/窄

寬/窄

可食用/非食用

可食用/非食用

邪恶/善良

邪惡/善良

兴奋/无聊

興奮/無聊

胖/瘦

胖/瘦

第一/最后

第一/最後

朋友/敌人

朋友/敵人

满/空

滿/空

硬/软

硬/軟

重/轻

重/輕

饿/渴

餓/渴

生病/健康

生病/健康

非法/合法

非法/合法

聪明/愚笨

聰明/愚笨

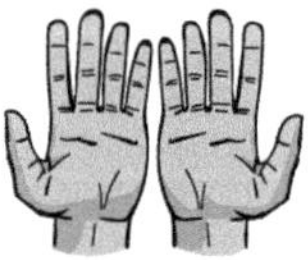

左/右

左/右

近/远

近/遠

新/旧

新/舊

没有/有些

沒有/有些

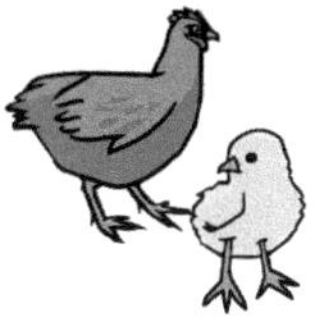

老/幼

老/幼

开/关

開/關

打开/合上

打開/闔上

安静/吵闹

安靜/吵鬧

富/穷

富/窮

对/错

對/錯

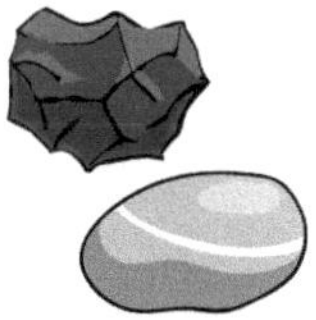

粗糙/光滑

粗糙/光滑

伤心/高兴

傷心/高興

短/长

短/長

慢/快

慢/快

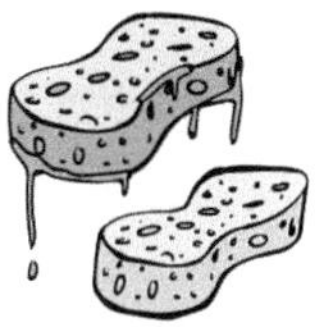

湿/干

濕/乾

温暖/凉爽

溫暖/涼爽

战争/和平

戰爭/和平

数字
數字

0

零

零

1

一

一

2

二

二

3

三

三

4

四

四

5

五

五

6

六

六

7

七

七

8

八

八

9

九

九

10

十

十

11

十一

十一

12	13	14
十二 / 十二	十三 / 十三	十四 / 十四
15	16	17
十五 / 十五	十六 / 十六	十七 / 十七
18	19	20
十八 / 十八	十九 / 十九	二十 / 二十
100	1.000	1.000.000
百 / 百	千 / 千	百万 / 百萬

语言
語言

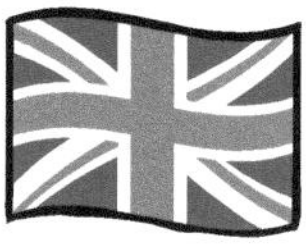

英语

英語

美式英语

美式英語

普通话

普通話

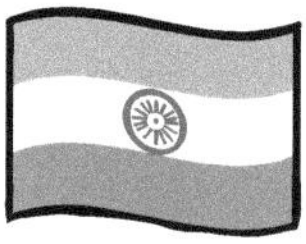

印地语

印地語

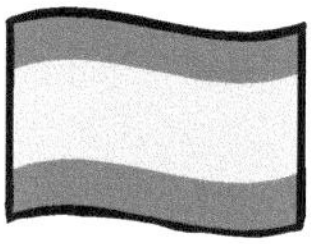

西班牙语

西班牙語

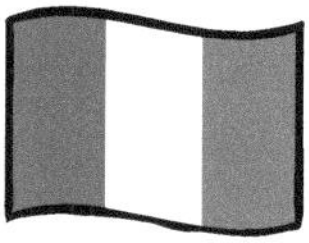

法语

法語

阿拉伯语

阿拉伯語

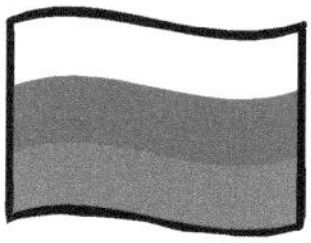

俄语

俄語

葡萄牙语

葡萄牙語

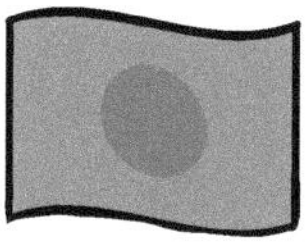

孟加拉语

孟加拉語

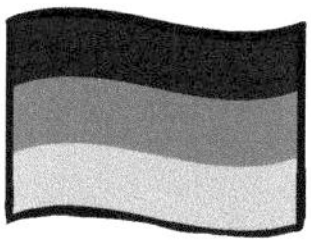

德语

德語

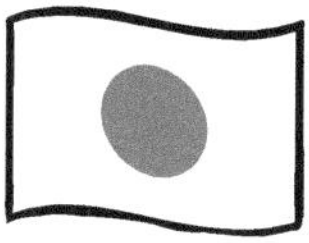

日语

日語

谁/什么/怎样
誰/什麼/如何

我

我

你

你

他/她/它

他/她/它

我们

我們

你们

你們

他们

他們

谁？

誰？

什么？

什麼？

怎样？

如何？

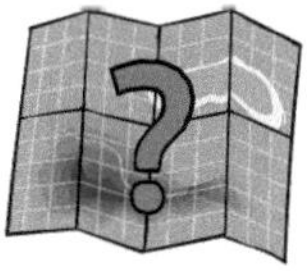

哪里？

何處？

什么时候？

何時？

名字

名字

方位

方位

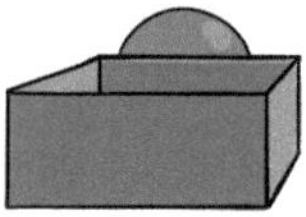

后面

後面

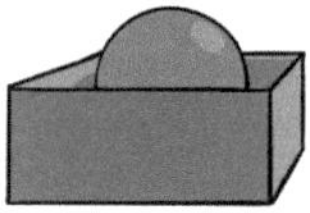

里面

裡面

前面

前面

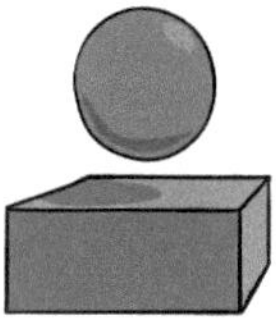

上方

上方

上面

上面

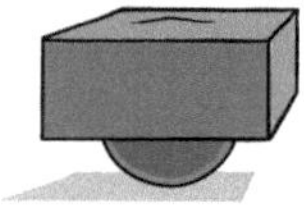

下面

下麵

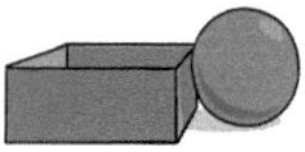

旁边

旁邊

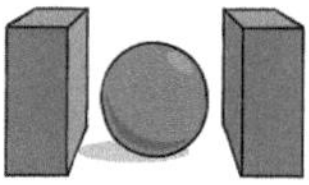

中间

中間

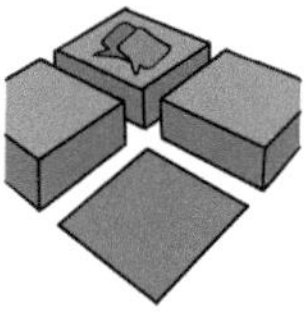

地点

地點